RÉPONSE

D'UN BELGE

A

HENRI D'ORLÉANS.

BRUXELLES

LIBRAIRIE UNIVERSELLE DE J. ROZEZ
Rue de la Madeleine, 87.

1861

Bruxelles. — Typ. de Ch. Vanderauwera, rue de la Sablonnière, 8

PRINCE.

« Des raisons que tout le monde comprendra ont retardé de quelques jours l'impression de cet écrit. »

Permettez-moi de commencer comme vous finissez. Tout le monde comprendra en effet que Son Altesse Impériale, le général de division, prince Napoléon, était le meilleur juge de la manière dont il devait répondre à vos injustes attaques. Divers bruits s'étaient répandus dans le public : les uns disaient qu'il voulait vous en demander un compte sévère, d'autres annonçaient une réponse officielle qui aurait facilement réduit à néant toutes vos vaines allégations; mais, puisque plus soigneux que vous-même de votre dignité, son Altesse Impériale, n'a pas trouvé convenable de se mesurer avec vous, soit avec la plume, soit avec l'épée; qu'il soit permis à un Belge, son sincère admirateur, de vous donner à son tour quelques leçons d'histoire.

Si pendant son séjour au fort de Ham, le chef de la dynastie impériale usait sans entraves de la liberté de la presse, c'est qu'il comprenait parfaitement la portée de l'instrument de destruction qu'on avait eu l'imprudence de laisser entre ses mains; c'est pour cela même, qu'appelé au trône par le suffrage populaire, il s'est empressé de briser l'arme dont il avait fait un si bon usage. Comment pouvez-vous le blâmer d'avoir su profiter de l'expérience?

Si les attaques contre la maison d'Orléans ont été endossées, propagées, affichées sur tous les murs, n'est-ce pas par la raison bien simple qu'elle ne règne plus en France? Si la liberté de la presse n'existe plus, c'est qu'il était grand temps de la supprimer puisqu'on n'en avait plus besoin pour soi?

Vous croyez, prince, avoir le droit de vous défendre et vous dites que vous voulez en faire l'expérience. Qu'en avez-vous besoin? N'avez-vous pas vu avec quelle vigueur le gouvernement français a su depuis dix ans supprimer toutes les attaques? Vous ne voulez pas que l'on étouffe votre voix; mais la famille d'Orléans est-elle au-dessus du droit commun?

Vous nous dites avec orgueil que sous l'égide de votre race antique un petit royaume composé de deux ou trois provinces est devenu une grande nation. Mais quand le chef de la dynastie régnante a enlevé la France à la république, elle n'avait guère, outre son territoire actuel, que la Belgique et la rive gauche du Rhin! Ce fut lui qui, en peu d'années, porta nos frontières depuis le Tibre jusqu'à l'Elbe, et qui ceignit la tête de ses frères des couronnes d'Espagne, de Naples, de Hollande et de Westphalie. Si, après son abdication à Fontainebleau, les Bourbons écrasés sous le poids de l'Europe durent céder, non-seulement toutes les conquêtes de l'empire, mais même toutes celles de la république, peut-on en faire un reproche à Napoléon Ier, qui avait alors cessé de régner depuis quelques jours? Avait-il pour les défendre épargné l'or et le sang de la France? N'avait-il pas sacrifié jusqu'à notre dernier homme et notre dernier écu?

Sur une longue liste de princes qu'a fourni votre famille, on en compte, vous êtes forcé d'en convenir, de médiocres et de méchants. L'aveu est précieux, car sur les listes d'autres races, ce sont au contraire les bons princes que l'on remarque!

Le système constitutionnel a pour avantage de ne point livrer un pays au caprice des gouvernants, mais le gouvernement du caprice, n'est-il pas celui de la fortune et qui la repousserait quand elle vient à lui? Vous comparez les dissensions de la maison de Bourbon à celles de la maison de Savoie, l'une des plus honorées de l'Europe, dites-vous : cette réflexion ne brille pas par l'actualité.

Vous nous rappelez que la maison de Bourbon a occupé pendant dix siècles les premiers trônes de l'Europe. Mais tout n'a-t-il pas une fin et ne faut-il pas que chacun ait son tour ? Soyez certain que la dynastie napoléonienne est aussi toute disposée à s'emparer successivement des premiers trônes de l'Europe et à remplacer partout la maison de Bourbon. Soyez sûr qu'elle ne négligera rien pour y parvenir et qu'elle ne reculera devant rien.

Si elle ne compte pas un seul guerrier mort sur le champ de bataille, c'est qu'elle connaît le proverbe : « Mieux vaut goujat debout, qu'empereur enterré. » Son bon sens lui a fait comprendre que la perte de la vie d'un prince est le seul malheur que les sacrifices de l'État ne puissent réparer.

Si le prince Napoléon s'est trouvé un beau jour comme vous avez fait de le lui reprocher, grand cordon, sénateur, général de division. pourquoi risquerait-il une vie aussi précieuse puisqu'il ne peut rien acquérir de plus?

Ne demandez pas ce que faisait au 2 décembre Son Altesse Impériale. Il n'était, dites-vous. ni à la mairie du 10e arrondissement, ni à l'Elysée, ni dans les rangs des Montagnards. où était-il? Ne savez-vous pas qu'en présence du danger, l'homme sage a besoin de quelques moments de solitude pour s'y préparer, qu'il soit sur un trône ou derrière une barricade! Est-ce là ce que vous qualifiez d'enthousiasme rétrospectif?

Vous reconnaissez vous-même que la gloire du chef de la dynastie actuelle égale celle de Charlemagne. Mais après ce qui s'est passé au 2 décembre pouvez-vous comparer son successeur à Louis le Débonnaire? S'il a passé sans transition de l'exil au pouvoir, tâchez d'en faire autant!

Vous comparez le rôle qu'a joué son Altesse Impériale à celui du duc d'Orléans votre grand-père, quelle outrecuidance? Ce dernier descendit d'un palais pour aller siéger sur la Montagne et de là à l'échafaud, mais le prince a passé, des bancs de la Montagne dans le palais d'Orléans et loin de monter à l'échafaud il menace de vous y envoyer. Abandonnant leurs idées libérales dès qu'il n'ont plus eu besoin de manteaux, les ex-carbonari ont fait triompher l'ancienne devise de leur profession : Charbonnier est maître chez lui, c'est-à-dire chez nous, selon la formule monarchique.

Sans aucun doute, le prince a le droit de blâmer la conduite de votre père pendant la révolution. Si à Jemmappes et à Valmy au lieu de guider bravement sa division à l'ennemi, il eût marché contre les Parisiens, peut-être eût-il placé sur sa tête la couronne de France. Qu'avait-il besoin de donner de bons conseils à Charles X, il en eût hérité plus vite et en adoptant franchement les principes de Juillet, il a compromis l'héritage.

Lors de la révolution de 1848, pourquoi

a-t-il reculé devant les mitraillades et les proscriptions. Si les princes d'Orléans ont préféré l'exil à la guerre civile, tout le monde n'est pas forcé d'être de leur goût. Ce que vous appelez de dures maximes et des pratiques impitoyables a fait monter la Bourse de 50 p. c. ! Avez-vous obtenu un pareil succès avec toutes vos amnisties ?

Vous concevez la colère du prince Napoléon à la révolution de Février qui lui enlevait ses espérances de pairie ! Là encore je ne suis pas de votre avis. Plus tard comblé de vos bienfaits, il vous eût dû, ne fut-ce que par respect humain, quelque reconnaissance Et cependant ce que vous pouviez faire pour lui approche-t-il de la position qu'il occupe. Aujourd'hui il est libre de nier vos bons procédés et ne s'en fait pas faute.

Vous voulez que le prince reconnaisse dans l'antichambre de l'empereur, l'huissier qui jadis l'introduisit dans le cabinet du roi votre père : c'est lui demander un grand effort de mémoire, puisque tous vos valets ont passé à son service.

Vous lui dites d'ouvrir l'annuaire militaire et d'y chercher des noms-propres! ne comparez pas, je vous prie, l'almanach royal à l'almanach impérial, cela ne tournerait pas à la gloire de beaucoup de vos anciens amis.

Si le roi Louis-Philippe ouvrait les portes de la France à la reine Hortense et à son fils, c'est sans doute qu'il ne les croyait pas redoutables. Pouvez-vous vous attendre à ce que l'on en agisse de même à votre égard?

Si le fils de la reine profita de cette indulgence pour se mettre en rapport avec les ennemis de votre dynastie, il sait donc mieux que personne que cette indulgence était mal placée et il se gardera bien de tomber dans la même faute. Plus sage que vous il profitera de l'expérience que vous avez eu le tort de mépriser après Strasbourg et Boulogne. Son Altesse Impériale ne vous prend pas en traître. A la première tentative de débarquement vous serez fusillé, vous et ceux de vos amis qui auront consenti à courir les chances de votre fortune. Car, comme le disait le doucereux Barrère : *il n'y a que les morts qui ne reviennent pas!* Vous êtes encore plus exposé qu'un autre, car vous êtes l'héritier des Condés auxquels on avait cru appliquer définitivement cette sage maxime : Si jamais vous entrez dans Vincennes, ce n'est pas le donjon qui vous attend.

Comment pouvez-vous reprocher au gouvernement de Napoléon III de manquer à ses promesses? Il a toujours tenu mieux qu'il n'avait promis. Au lieu de l'olivier de la paix n'a-t-il pas couronné la France des lauriers de la victoire. L'Italie devait être envahie jusqu'à l'Adriatique, on a épargné à la Vénétie les horreurs de la guerre. Si les grands-ducs attendent leur restauration, conformément à la paix de Villafranca, ils ont là une belle occasion de faire preuve de patience.

Le plus grand service que l'on puisse rendre au saint-père n'est-ce pas de le délivrer entièrement des embarras temporels, afin qu'il puisse consacrer tous ses soins au gouvernement de l'Église? Enfin on n'avait fait espérer au roi de Sardaigne que les possessions autrichiennes, il est maître de l'Italie presque tout entière.

Vous reprochez à son Altesse Impériale d'avoir sans cesse à la bouche le panégyrique de la dynastie napoléonienne. Mais qui le ferait si ce n'est lui?

Quand il célèbre les victoires remportées par les armées françaises; peut-on l'accuser de chanter ses propres louanges?

Quand il exalte la gloire de nos armes dans les guerres de Crimée et d'Italie; n'est-il pas désintéressé dans la question?

Si vous avez enlevé la smalah d'Abdel-Kader il s'est emparé du matériel de la duchesse de Parme, il a toujours pris tout ce qu'il a pu: que pouvait-il faire davantage?

Vous reprochez aussi à Napoléon Ier la conduite de ses frères; autre injustice: était-ce sa faute s'ils ne ressemblaient pas aux vôtres, et si Murat en 1814 a dit dans ses proclamations quelques bonnes vérités, étaient-elles moins vraies parce qu'elles sortaient de la bouche d'un traître?

Vous avez le tort grave dans un homme politique, de prêter vos sentiments aux autres et de vous attendre à ce que l'on se règle d'après votre exemple. Votre famille a pratiqué envers la dynastie impériale la sympathie pour une grande infortune, le pardon des injures, la mansuétude, la générosité. Comment ne comprenez-vous pas que cela ne vous a pas assez bien réussi pour que l'on soit tenté de vous imiter?

Au lieu d'étendre constamment ses conquêtes, l'empereur aurait dû, dites-vous, chercher à exercer sur le monde une influence libérale et bienfaisante. Mais vous êtes donc incorrigible? C'est ce qu'a fait pendant dix-huit ans le roi Louis-Philippe, et vous connaissez le résultat.

Quant à ce qui concerne les affaires d'Italie, Son Altesse Impériale s'est expliquée elle-même au Sénat, et je n'ai rien à ajouter à son merveilleux discours, mais soyez assuré qu'il a été fait tant et de si différentes promesses qu'il est à peu près impossible que le gouvernement français n'en tienne pas une partie. Quelque chose qui arrive, il se trouvera l'allié du parti vainqueur; selon l'occurrence il aura délivré l'Italie ou sauvé l'Église et le principe de la légitimité. S'il eut soutenu nettement un des deux partis qui divisent la Péninsule, ne courait-il pas la chance de se trouver du côté des vaincus?

Je m'arrête donc, comme vous, prince, et même avant vous : la paix de Villafranca me prouve qu'il est sage de savoir s'arrêter à temps; mais le prince dont j'ai osé prendre la défense peut être assuré que bien peu de personnes redoutent le moment où vous viendrez lui dire comme vous l'en menacez : *Qu'avez-vous fait de la France?*

6

www.ingramcontent.com/pod-product-compliance
Ingram Content Group UK Ltd.
Pitfield, Milton Keynes, MK11 3LW, UK
UKHW032039260826
14628UKWH00007B/3063

9 782016 186879